AF440332

LA
SOLUTION

PAR

LA MONARCHIE

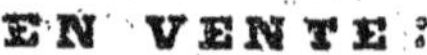

Prix : 1 franc.

EN VENTE

CHEZ TOUS LES LIBRAIRES.

Dépot : Rue du Jardinet, 1.

PARIS.

—

1872

LA

SOLUTION

PAR

LA MONARCHIE

EN VENTE :

CHEZ TOUS LES LIBRAIRES.

Dépot : Rue du Jardinet, 1.

PARIS.

1872

LA SOLUTION

Après la catastrophe épouvantable que vient de subir la France, chacun est à se faire les demandes suivantes : « que va-t-il sortir de ces désastres et quelle sera la forme gouvernementale assez puissante pour nous assurer l'ordre, la reprise du travail et la cicatrisation de nos plaies encore toutes saignantes ? »

Nous croyons que pour élucider ces questions ardues, il est indispensable de passer en revue tous les gouvernements qui se sont succédé, depuis la grande révolution française jusqu'à nos jours, et de tâcher de baser l'avenir sur les enseignements du passé.

Après la journée du 10 août 1792, le principe d'autorité était mort en France. Les excès révolutionnaires inaugurés par les massacres de septembre et suivis de la terreur de 93, en sont une preuve irrécusable.

La convention était, certes, composée, en majorité, d'hommes honnêtes et ennemis de la violence ; ils furent impuissants à arrêter les débordements du flot populaire et les membres les plus marquants de cette assemblée périrent, victimes de leur dévoûment à la patrie.

S'il était possible d'accorder la plus légère atténuation aux excès, sans nom, de la commune et de la Montagne de la Convention, ce serait en premier lieu, pour leur ardent amour pour la France et leur haine implacable pour leurs ennemis, ensuite, à cause de l'énergie avec laquelle elles soutinrent le principe de la République une et indivisible. (Contraste frappant avec les révolutionnaires de 1871.)

Le régime de la Terreur devait fatalement aboutir à une réaction violente. Elle fit explosion le 9 thermidor de L'AN II. La convention décréta d'accusation Robespierre et tous ses sanglants acolytes, qui expièrent, comme lui, les crimes sans nombre, qui avaient été commis, au nom de la raison d'Etat.

Sous le Directoire, la France était désorganisée administrativement, ses finances étaient épuisées et le gouvernement était impuissant à utiliser les ressources qui existaient dans le pays. La banqueroute était imminente.

Bonaparte, par son coup d'Etat du 18 brumaire, s'empara du pouvoir et se débarrassa, violemment, de tout ce qui pouvait faire échec à son autorité. La nation se trouvant dans la situation d'un navire, sans pilote, qui s'en va au caprice des vents, s'empressa d'accorder toute sa confiance à celui, en qui elle espérait trouver un sauveur.

Le Ier consul s'entoura de toutes les lumières du pays et présida à la réorganisation financière et administrative de la France. Il s'empressa, aussi, de rendre les églises et les temples à leurs cultes respectifs.

Napoléon 1er, sous son règne, porta la nation française à l'apogée de la gloire militaire. La vieille Europe trembla épouvantée mais, l'incomparable guerrier avait compté sans l'instabilité des choses humaines! La fortune qui l'avait comblé de toutes ses faveurs, l'abandonna un jour et l'épilogue du régime Impérial fut:

l'invasion étrangère et l'exil, sur un rocher, du Grand Homme prisonnier des monarques européens.

Sous la restauration, la France épuisée d'hommes et d'argent, parvint cependant à cicatriser à peu près ses blessures profondes et à reprendre son rang dans le concert européen. Jusqu'en 1830, l'ordre matériel ne fut pas troublé, malgré l'existence de nombreuses conspirations dont la vigilance gouvernementale sut toujours saisir les fils.

La Révolution de 1830 est très explicable : Le Roi Charles X et ses Ministres, au lieu de marcher dans la voie du progrès et de la liberté, avaient à cœur de rétrograder et semblaient vouloir revenir aux institutions d'avant 1789 ; aussi, les journées de Juillet, au lieu de jetter la consternation dans le pays, furent elles accueillies comme un acte libérateur !

La chambre des députés, à ce moment là, eut la sagesse de comprendre qu'il y avait danger de tatônner avec un gouvernement provisoire, c'est pourquoi elle s'empressa de décerner la couronne au Duc d'Orléans. La critique, toujours amère, qualifia cet acte de bonne et sage politique : d'escamotage des deux cent vingt deux.

Le règne de Louis-Philippe, fut pour la France, une époque de paix et de prospérité :

Le commerce, l'industrie, les sciences, les lettres et les arts brillaient du plus vif éclat ; on jouissait d'une bonne liberté, et l'avenir s'annonçait sous d'excellents auspices.

Le roi était entouré d'une belle et nombreuse famille dont la simplicité et la rigidité des mœurs, donnaient à la nation le plus salutaire exemple.

Paris, toujours capricieux et impatient, sous le pré

texte de réforme électorale, et obéissant, comme d'ordi-
naire, à la voix d'un certain nombre d'intrigants, éprouva
le besoin de s'offrir le luxe d'une nouvelle révolution.

Le trône de Louis-Philippe fut renversé et la République proclamée.

La France, moutonnière, n'ayant pas l'énergie de résister aux entrainements de sa capitale, subit le nouveau
gouvernement qui venait de lui être imposé.

Une fois revenu de la première impression causée par
ces événements subits, chacun acceptant le fait accompli,
était décidé à faire abnégation de ses souvenirs et de
ses préférences, pour se rallier sincèrement au gouvernement républicain.

Le ciel pur qui s'élevait au-dessus de la France,
commença à s'assombrir le 15 mai ; la journée s'écoula,
cependant, sans laisser une impression trop profonde à
la population. Mais, l'orage s'amoncelait à l'horizon et
devenait menaçant : en Juin, il éclata terrible, il fallut
quatre jours de luttes sanglantes pour s'en rendre maître.
Le Gouvernement provisoire et l'Assemblée nationale
avaient été impuissants à conjurer cette affreuse tour-
mente.

Le Général Cavaignac qui avait terrassé l'émeute, était
appelé le sauveur de la France, comme récompense, on
lui décerna la dictature.

Quelques mois plus tard, c'est à dire en décembre, les
élections pour la nomination du Président; de la république, avait eu lieu, pour donner au monde qui nous sui-
vait du regard, un exemple frappant de notre ingrati-
tude et de la versatilité de notre caractère, nous nous
gardâmes bien de jeter les yeux sur l'homme dont la
grandeur d'âme, le courage et la loyauté étaient indis-

cutables. Une imposante majorité de citoyens français déclara par son vote ; que le fauteuil présidentiel serait bien mieux occupé par le héros de Strasbourg et de Boulogne que par l'illustre général qui avait sauvé la France de l'anarchie.

Après les journées de Juin, on croyait en avoir fini, pour longtemps au moins, avec l'émeute. On eut bientôt la preuve du contraire.

Une année ne s'était pas écoulée, qu'une nouvelle journée se produisait (1). Le mouvement fut arrêté ; mais, les socialistes qui avaient juré une haine implacable à la société, donnaient, comme date de la nouvelle levée de boucliers, l'expiration du mandat de Louis Napoléon Bonaparte dont la réélection était impossible, en vertu de la Constitution.

Le parti conservateur voyait arriver avec effroi cette date fatale s'avançant à grands pas, aussi, adressait-il pétitions sur pétitions à l'Assemblée législative, pour obtenir la révision de la Constitution.

La bonne harmonie était loin de régner entre le pouvoir exécutif et le pouvoir législatif, un conflit était imminent.

Le prince président encouragé par les craintes fondées des conservateurs et par les indécisions de l'Assemblée, déchira, une belle nuit, avec l'aide de l'armée dont il avait su s'attirer toutes les sympathies, cette Constitution dont le pays ne demandait que la révision.

Il éloigna tout ce qui pouvait être un obstacle à la réalisation des projets qu'il avait conçus, il terrorisa le parti d'action qui, cette fois, rentra complètement dans

(1) Journée des Arts-et-Métiers 13 juin 1849.

l'ombre, pour ne faire sa réapparition que de longues années après.

Le parti conservateur respirait à l'aise, il était débarrassé de l'échéance 1852 qui lui pesait si lourdement.

Lorsque le nouveau dictateur soumit au pays la ratification de l'acte qu'il venait d'accomplir, les 7,500,000 voix qui sortirent de l'urne électorale furent la meilleure expression des sentiments de la population à son égard.

Chaque conservateur pouvait être comparé à un commerçant chancelant dans ses affaires, couvant une faillite inévitable, et que tout à coup une main inespérée vient sauver du naufrage.

Tout ce monde affolé ne calculant pas les conséquences de l'acte qu'il accomplissait, allait déposer dans l'urne son vote approbateur qui donnait au nouveau souverain les pouvoirs les plus illimités.

Nous savons malheureusement, aujourd'hui, à quel prix, l'ordre a été obtenu pendant vingt ans !

Si l'honnêteté la plus rigoureuse avait présidé à tous les actes du gouvernement Impérial, l'empereur aurait pu faire atteindre au pays, le point culminant de la prospérité mais d'une prospérité vraie et non factice, comme celle qui existait et qui a amené des catastrophes aux premiers revers de fortune que nous avons eus à subir.

Pour obtenir ce résultat, il fallait s'entourer d'hommes intelligents, honorables, capables d'un dévoûment désintéressé, n'ayant en vue que le bonheur de la nation et non leur intérêt personnel ; d'hommes qui au lieu de patroner les spéculations les plus hideuses qni ont amené la ruine et l'abaissement moral de la France, se fussent fait un devoir de dénoncer à l'indignation publique les spéculateurs éhontés s'appropriant scandaleusemènt l'épargne du travail, en faisant miroiter à ses yeux un lucre inaccoutumé.

Au lieu de chercher, par tous les moyens possibles, l'amélioration des classes laborieuses, surtout, en donnant soi-même l'exemple de la plus haute moralité. Qu'ont fait les hommes de l'Empire ?

Ils ont encouragé le luxe le plus effréné, ils ont développé, outre mesure, tous les appétits matériels au détriment des besoins intellectuels, et ils ont poussé la population vers une seule idée ; faire de rapides fortunes par tous les moyens échappant à la loi.

Tous les vices inhérents à la nature humaine, à tous les degrès de l'échelle sociale, s'étalaient sans vergogne, aux yeux de tous.

Cette dégénérescence du pays, devait fatalement nous conduire au désastre de Sédan et aux excès les plus criminels de la démagogie !

Nons ne chercherons pas à approfondir les causes qui ont pu amener le gouvernement impérial à déclarer la guerre à la Prusse. Surtout, après le plébiscite de mai dont la signification était : Progrès libéral, mais, avec l'ordre et la paix.

La guerre était difficile à éviter, nons étions un obstacle à l'unification allemande et tôt ou tard, devaient surgir des difficultés qui ne pourraient se règler que par la voie du canon. Ces cruelles nécessités étant données, il fallait se tenir prêt, attendre le moment favorable pour entrer en lice et ne pas, comme un Don Quichotte relever le gant que M. de Bismark a eu l'habileté de nous faire jeter nous mêmes.

Ce départ pour le Rhin est un acte de folie tellement indigne, qu'il est inexplicable.

Notre brave et vaillante armée a été engagée si niaisement que nous avons marché d'échecs en échecs jusqu'au désastre de Sedan.

Le 3 septembre, en effet, le bruit de notre défaite et de la capitulation acceptée par l'empereur, se répandaient dans Paris. L'émotion, l'indignation même, étaient à leur comble. Le chef de l'Etat prisonnier, il fallait prendre une résolution énergique. Le Corps législatif fut convoqué, en séance extraordinaire à minuit. Le Ministère et la majorité de l'Assemblée commirent la faute irréparable de se séparer sans avoir pris une détermination virile, et d'ajourner leur décision au lendemain.

L'opposition qui attendait, depuis longtemps, un événement qui lui permit de jeter à bas son ennemi, ne perdit pas une minute et profita du répit qui lui était donné jusqu'au lendemain midi, pour discipliner ses électeurs de la Villette et de Belleville.

Les bandes de l'émeute étaient à leurs postes à l'heure indiquée, n'attendant que le signal convenu, pour se ruer sur le palais Bourbon.

La cavalerie qui gardait l'entrée du pont de la Concorde, n'ayant pas d'ordres formels et énergiques, laissa à un moment donné, forcer ses lignes par la tourbe populaire qui n'avait plus qu'une étape à accomplir pour atteindre son but.

Les députés s'étaient réunis dans leurs bureaux pour discuter les mesures qu'il y avait à prendre, en présence de la gravité excessive de la situation.

Sur ces entrefaites, plusieurs personnes se rendent sur le perron du Palais et font signe à la populace de les suivre. En un clin d'œil, la salle des séances se trouva occupée par les Bellevillois.

M. Gambetta monta à la tribune et prononça la déchéance de l'Empire ; il engagea, ensuite, ses coréligionnaires politiques à le suivre à l'Hôtel-de-Ville, ce que ceux-ci s'empressèrent de faire, sans se préoccuper nullement de leurs collègues, issus comme eux, cependant, du suffrage universel.

Arrivés au palais municipal, les citoyens députés de la Seine consommèrent leur coup d'Etat. Ils proclamèrent la République et décretèrent la dissolution du Sénat et du Corps législatif.

Messieurs les chasseurs se sont rendu maîtres de la proie qu'ils convoitaient depuis longtemps, mais, la meute est frémissante ; il faut sonner l'hallali et livrer la France à la curée.

On pourrait croire que les hommes qui en usurpant le pouvoir, se parent du titre pompeux de : « Membres du Gouvernement de la défense nationale, » se sont empressés, sitôt leur installation à l'Hôtel-de-Ville, de prendre des mesures énergiques pour la défense de Paris, objectif des armées allemandes.

On pourrait penser qu'ils se sont préoccupés de la formation de nombreux corps d'armée dans les provinces non encore envahies ! Hé bien non ! le 4 septembre au soir et les jours suivants le nouveau gouvernement ne s'occupa pas plus de la défense nationale que des agissements du céleste empire.

Quelle devait être l'attitude du Gouvernement de la défense, après avoir assumé, sur sa tête, la responsabilité du salut de la patrie ?

Il devait surtout, en s'inspirant de son titre, bien se pénétrer de la mission qu'il s'était donnée. Pour avoir toute la force morale nécessaire à l'accomplissement de son mandat, il devait grouper, autour de lui, tous les dévoûments et accepter tous les concours de quelque part qu'ils vinssent.

Il est de toute évidence que le parti le plus sage qu'il y avait à prendre : c'était la convocation immédiate des électeurs pour nommer une Assemblée nationale qui aurait été. l'expression de la France entière et qui constituée, en pouvoir régulier aurait été à même de mettre en mouvement tous les ressorts nécessaires à la défense.

Nous acceptons les faits accomplis :

Le Gouvernement ne fera pas appel au Suffrage universel pour constituer un pouvoir régulier, ses membres préférant se réserver le pouvoir qu'ils ont violemment usurpé.

Le Corps législatif et le Sénat sont dissous. Mais, dans ces deux grands corps de l'Etat, il y a des hommes honnêtes qui jouissent, dans divers centres, d'une grande influence. Est-ce que le devoir du Gouvernement de la défense, n'était pas de faire appel au patriotisme de tous ces hommes en leur confiant la mission de faire vibrer la fibre nationale dans leurs départements? Qui sait, si à l'appel de ceux en qui elle avait confiance la province ne se serait pas levée spontanément!

Au lieu de suivre cette ligne de conduite pleine de logique et de sagesse, qu'ont fait les hommes du 4 septembre? Ils se sont empressés de révoquer, indistinctement, tous les préfets et sous-préfets pour les remplacer par leurs créatures, pour la plupart notoirement incapables et qui de plus étant complétement inconnues aux populations qu'elles étaient chargées d'administrer ne pouvaient exercer sur elles aucune influence salutaire.

Et certes, à ce moment là plus que jamais, il fallait inspirer aux habitants de la province, la plus grande confiance possible, puisqu'on allait leur demander leurs enfants et leur argent.

Les Membres du Gouvernement de la défense ont eu la bonhomie de croire que les départements allaient se lever, avec un enthousiasme indescriptible, à la seule vue de l'étendard républicain. Il fallait, réellement, n'avoir aucune connaissance de ces populations, pour avoir compté, un instant, sur ce résultat.

Pour la province, quelques grands centres exceptés, le mot *République* était synonime : d'arbitraire, de désordre et de cahos. Les evénements qui se sont accomplis, ont, du reste, prouvé qu'elle ne s'était pas trompée dans son appréciation.

Ce qu'il nous faut déplorer amèrement, c'est que Messieurs les Membres du Gouvernement de la défense nationale, aient voulu sauver, à eux seuls, le pays et surtout la République ; car nous n'hésitons pas à dire qu'ils ont mis *leur République* au-dessus de la France.

A côté des hommes honnêtes et considérables, dont on a eu soin de dédaigner les services, il y avait un parti dangereux par ses exagérations, sa violence, ses menaces rèitérées et dont les agissements avaient mis, depuis longuès années, la province en suspicion contre Paris.

Le Gouvernement de la défense redoutait un conflit avec les meneurs de ce parti ; aussi, il n'y avait pas de complaisances que l'on eut pour eux. Les quartiers habités par les nombreux soldats du désordre, furent les premiers armés, on leur distribua les meilleures armes et on donna des situations à tous leurs chefs. Avec cette manière d'agir, le jour où il faudrait mettre un terme à leurs exigences toujours croissantes; on devait s'attendre à la revendication, par la force, de ce que jusqu'alors ils avaient obtenu de bonne grâce.

Voyons maintenant ce qu'ont fait les membres du gouvernement de la défense, après leur installation à l'Hôtel-de-Ville? Jusqu'aux deux ou trois jours qui ont précédé l'arrivée des Allemands sous Paris, ils ont savouré, dans une douce quiétude, leur avénement inespéré au pouvoir, ils ont comblé tous leurs favoris et tous les membres de leurs petites cours, qui chaque jour les encensaient, mais, des prussiens, il n'en était nullement question. Cependant, lorsque la présence de ces derniers fut signalée officiellement à quelques lieues de la capitale, il fallut sortir de cet état de somnolence dans lequel ils se complaisaient. On se décida à envoyer précipitamment une délégation gouvernementale en province, afin de surexciter la fibre nationale de ses habitants. Cette délégation, qui par sa jeunesse, sa vigueur, son entrain, devait faire sortir des armées de dessous terre, était composée de MM. Crémieux et Glais-Bizoin.

Sitôt après leur installation à Tours, les deux vétérans de la démocratie envoient dépêches sur dépêches, pour annoncer que l'enthousiasme qu'ils ont soulevé est indescriptible, que la France entière est debout, attendant, avec une impatience fiévreuse, l'heure de se mesurer avec l'ennemi. Vers le 8 ou le 10 octobre, c'est-à-dire vingt jours après que Paris était isolé du reste du monde, et 35 jours après le 4 septembre, le gouvernement de la capitale reçut une dépêche lui faisant connaître, d'une manière exacte, la situation de la province. Cette missive, arrivée par voie de pigeon, annonçait que pas un régiment n'était formé, que chaque ville organisait sa propre défense, mais que pas une mesure d'ensemble n'était prise.

Tous les bataillons de la mobile qui avaient un commencement d'organisation avaient été appelés dans Paris.

Les membres du gouvernement de la défense furent atterrés par cette communication à laquelle ils auraient dû s'attendre.

Après délibération, on décida que le fougueux Gambetta se dévouerait à rattraper par une activité dévorante, le temps peut être irréparable, qui avait été perdu. Il fallait affronter les périls d'un voyage en ballon. Après deux jours d'hésitation et de préparatifs, le jeune Ministre de l'Intérieur se décida à enjamber la nacelle d'un aréostat et à se confier aux caprices des vents.

Tout le monde connait les péripéties du voyage et les dangers courus par M. Gambetta.

Il est incontestable que l'arrivée de cet homme descendant pour ainsi dire, des nues, produisit une grande impression sur les populations de la province. Ajoutez à cela, la mâle et puissante éloquence du jeune tribun et on comprendra que sa venue ait été saluée par un vif enthousiasme. On se rappelait Carnot organisant la victoire et on voyait en Gambetta un nouveau sauveur.

Les fautes commises le lendemain de la révolution du 4 septembre s'enracinèrent plus vivaces , encore, dans la conduite du nouveau dictateur. Il crut que son intelligence et son génie pouvaient tout embrasser et qu'il était de taille à sortir tout seul, la France de l'abîme dans lequel elle était plongée. Il inonda l'administration et l'armée d'une foule d'intrigants et d'incapables, les discours et les proclamations pleuvaient avec une intensité sans égale, il brisait, sans hésitation, le lendemain les généraux qu'il avait exaltés la veille. Il autorisa des emprunts, à des taux pouvant abaisser notre crédit au-dessous de celui du pays le moins favorisé de la fortune. Il poussa même l'aberration jusqu'à concevoir des plans stratégiques et à imposer sa volonté à ses généraux.

Avec toute cette activité dévorante, le dictateur français parvint à mettre en ligne devant l'ennemi, environ trois cent cinquante mille hommes de troupes d'une valeur douteuse, (nous ne disons pas au point de vue du courage mais au point de vue de l'instruction militaire,) qui aboutirent aux désastres du Mans, de Saint-Quentin, d'Héri court, et par contre coup à la capitulation de Paris.

Si, au lieu de fouler aux pieds, sans respect ce à quoi l'Empire autoritaire n'avait jamais osé toucher, le Dictateur de Bordeaux s'était servi des forces vives du pays. Si au lieu de dissoudre les Conseils municipaux et les Conseils généraux issus du Suffrage universel, pour les remplacer par des Commissions formées avec ses créatures, il avait su inspirer une salutaire confiance à ces assemblées, il aurait pu, indubitablement, avec leur concours, obtenir une issue plus favorable pour nos armes.

Vers le 17 septembre, lorsque les têtes de colonnes allemandes font leur apparition aux environs de Paris, M. Jules Favre se rend mystérieusement à Ferrières, à la rencontre de M. de Bismark. Cette démarche faite le lendemain du désastre de Sédan, aurait eu sa raison d'être : elle était même indispensable. Mais que pouvait on attendre d'un ennemi implacable, énivré de ses succès inespérés et qui se trouvait devant l'objet de toute sa convoitise ! Il était arrivé, sans coup férir, sous les murs de notre Capitale dans laquelle il espérait entrer en triomphateur et nous dicter notre arrêt de mort.

A quoi ont servi les larmes du membre du Gouverne ment de la défense nationale ? pouvait-il avoir la pensée de toucher, par nos malheurs, l'homme qui depuis longues années, avait prémédité notre anéantissement ! Pouvait-il croire à une intervention des neutres qui nous étaient plus hostiles que sympathiques ? Lui était-il permis d'avoir l'espoir d'arrêter la marche triomphale des armées allemandes, sans donner à leur chef une compensation capable de satisfaire son puissant appétit et son immense orgueil ? Evidemment non ! Hé bien ! Pourquoi avoir commis cette faute capitale de prononcer la fameuse phrase « pas un pouce de terrain, pas une pierre de nos forteresses ! »

Quelle doit être la mission des édiles d'une ville assiégiée ? Il nous semble que le premier travail auquel ils doivent se livrer, c'est de se rendre un compte exact, de concert avec l'autorité militaire, de la quantité de vivres qu'il y a en magasins, afin de savoir, pendant combien de temps la place pourra résister, si, l'ennemi ne cherche pas ou ne peut pas s'en rendre maître de vive force.

Une administration sage et prévoyante doit, aussi, dès le premier jour de l'investissement, présider économiquement à la distribution des denrées alimentaires pour faire durer la résistance le plus longtemps possible, et ne pas imposer aux habitants de trop cruelles privations.

Qu'a fait M. Ferry membre du Gouvernement, délégué auprès de la mairie de Paris ? Nous sommes encore à nous le demander. Tout ce que nous savons, c'est qu'il y a eu, pendant longtemps un gaspillage scandaleux des vivres eu réserve.

Ce désordre coupable nous a conduit à manger le pain dont tous ceux qui étaient enfermés dans la Capitale ont gardé le souvenir, et à nous mettre, à un moment donné, à la complète discrétion de notre vainqueur.

On devait réellement espérer d'avantage, de la part de l'auteur des comptes fantastiques d'Hausmann. On ne pouvait pas croire que cet administrateur ne parviendrait seulement pas à organiser, d'une manière convenable, à la distribution des denrées alimentaires.

Nous avons eu la douleur d'assister à l'affligeant spectacle des queux interminables à la porte des bouchers et des boulangers. C'était navrant de voir de malheureuses femmes et des enfants rester quatre et cinq heures les pieds dans la neige ou dans la boue pour obtenir leur part de cheval et de pain. Nous ne croyons pas que les souffrances matérielles endurées à l'Hôtel-de-Ville aient été bien vives !

M. Jules Ferry montait à cheval et allait, en compagnie de son collègue et ami Rochefort, passer en revue les fameux bataillons de Belleville, sur lesquels on comptait pour enfoncer les lignes prussiennes, mais, qui envoyés aux avant-postes prenaient la fuite à la première alerte. Ces mêmes bataillons faisaient les journées du 31 octobre et du 22 janvier, prologue de la grande pièce qu'ils devaient représenter le 18 mars.

Après l'issue malheureuse de la sortie du 19 janvier, le Gouvernement de la défense nationale à Paris, eut connaissance des échecs subis par nos armées de province.

Chanzy, après le désastre du Mans, avait été obligé de se retirer derrière la Mayenne, il était condamné, pour un certain temps au moins, à l'immobilité.

Faidherbe, après sa défaite de Saint-Quentin, avait ses forces désorganisées.

La débâcle d'Héricourt avait forcé l'armée de l'Est à se réfugier en Suisse pour ne pas tomber aux mains de l'ennemi.

Tout espoir de secours venant du dehors était perdu, de plus, le stock de farine restant en magasins, pouvait à peine suffire à l'alimentation de la population pendant quelques jours. Toute idée de lutte devant être abandonnée, il n'y avait que deux partis à prendre : exposer les habitants de la Capitale à mourir de faim, ou aller implorer la bienveillance du vainqueur. Le Gouvernement s'arrêta à cette dernière détermination, et ce fut M. Jules Favre qui, 4 mois auparavant, avait fièrement lancé la fameuse phrase « pas un pouce de terrain, pas une pierre de nos forteresses, » qui eut la triste mission d'aller se mettre à la discrétion du comte de Bismark,

Quelles cruelles souffrances a dû éprouver le Ministre des affaires étrangères, lorsqu'il lui a fallu subir et signer, au nom de la France, les lourdes conditions auxquelles le chancelier Allemand consentait à nous accorder l'armistice.

Ainsi, une fois les clauses de la convention acceptées de part et d'autre, Paris était entouré d'un cercle de fer, tous les forts étant au pouvoir de l'ennemi. Notre Capitale et l'armée qu'elle renfermait étaient lettres mortes pour la nation, nos trois armées de province étaient démoralisées, et en partie désorganisées. Que restait-il donc pour faire face aux masses ennemies, d'autant plus fortes, qu'elles étaient enivrées de leurs victoires?

M. Gambetta, malgré notre situation précaire, voulait continuer la lutte à outrance, jusqu'au dernier homme et au dernier écu. On ne peut pas s'imaginer qu'une pareille folie ait pu germer dans un cerveau humain.

La résistance organisée par le Ministre de la Guerre de la délégation provinciale, avait produit de si beaux résultats, qu'il était tout naturel qu'il persistât à la continuer. La France pouvait être dévastée et anéantie totalement, mais qu'est-ce que cela pouvait faire au fougueux Ministre! Il fallait, à tout prix, conserver le pouvoir et satisfaire son ambition sans bornes.

Nous ne pouvons pas nous faire à l'idée qu'après l'accomplissement de tels actes, il se soit trouvé en France, des hommes assez peu soucieux de l'honneur et de l'existence de leur pays pour avoir nommé à l'Assemblée nationale le Dictateur de Bordeaux,

Quelle devait être la conduite de M. Gambetta après s'être démis du pouvoir, et une fois l'Assemblée nationale installée à Bordeaux.

Nous croyons que le premier devoir que l'ex-dictateur avait à remplir, était de venir à la Barre de la Nation et de lui faire connaître d'une manière précise l'emploi qu'il avait fait du pouvoir, sans contrôle, qu'il avait volontairement assumé sur sa tête, et des ressources financières qu'il avait eues entre les mains.

M. Gambetta a été l'objet de violentes critiques. La France attend encore sa justification.

Dans la négociation des conditions de l'armistice, M. Jules Favre a, incontestablement, commis une faute capitale en ne faisant pas insérer dans la convention du 28 janvier, un article relatif au désarmement de la Garde nationale, et en ne demandant pas au comte de Bismark d'en faire une condition *sine quà non* du traité, Il est évident que les bataillons de l'ordre auraient donné une nouvelle preuve de leur patriotisme, en se soumettant sans récrimination, à cette mesure rigoureuse mais nécessaire. Quant aux bataillons fédérés, nous avons l'intime conviction que devant des menaces très-énergiques de la part de la Prusse, ils eussent considérablement rabattu de leur humeur belliqueuse.

M. Jules Favre a probablement craint qu'une clause de cette nature insérée dans la convention, ne compromit sa popularité.

Si, comme la chose a été dite, M. de Bismark, durant le cours des négociations, a fait ressortir le danger qu'il y aurait pour Paris, à laisser des armes à la Garde nationale, et qu'il ait offert au Ministre des Affaires étrangères de faire du désarmement de cette force une des clauses du traité. Le refus de M. Jules Favre (prévu probablement d'avance par le chancelier allemand) est inexcusable, et les événements qui se sont produits font peser sur lui une responsabilité terrible, devant sa conscience d'abord, et devant l'histoire ensuite dont le jugement sera peut-être un stigmate ineffaçable,

Il était indubitable qu'un mouvement révolutionnaire était imminent. L'insurrection était prêchée ouvertement, depuis six mois, dans tous les clubs où on professait les théories les plus criminelles. Il était impossible de fonder la moindre espérance sur des hommes dont le but avoué était le bouleversement de fond en comble de la société. Ce n'était pas un désaccord de principes, c'était la question nettement posée : Être ou ne pas être.

Le 18 mars, jonr de l'explosion du volcan, les premiers actes des insurgés qui consistent surtout, dans l'assassinat de deux généraux, prouvent les intentions bien arrêtées des chefs du mouvement, démontrent clairement que la lutte est sérieusement engagée et que la force seule tranchera la question.

Nous ne pouvons pas comprendre, que dans une situation pareille, des gens soient venus parler de conciliation et de concessions à faire de part et d'autre.

Ces démarches stériles ne pouvaient avoir qu'un but : servir la cause insurrectionnelle et entraver la défense opposée par le parti de l'ordre. Nous n'hésitons pas à dire que toutes les démarches conciliatrices faites par un certain nombre d'hommes de convictions douteuses ont été criminelles et doivent être flétries énergiquement par tous les gens de bien.

L'intention formelle des bandits formant le Comité central était de conserver le pouvoir dont ils s'étaient emparés, Aussi, toutes les déclarations de M. Thiers, tous les appels faits aux émeutiers pour les engager à rentrer dans l'ordre, sont-ils restés sans résultat ! Il a fallu entrer violemment dans Paris après un siége de près de deux mois, il a fallu s'emparer de chaque quartier, après des luttes sanglantes. Hnit jours de combats terribles et incessants ont été nécessaires pour terrasser la sanglante Commune et ses hideux partisans. Leur cri d'agonie a été le massacre des otages et l'incendie de nos monuments nationaux ainsi que d'un grand nombre de propriétés particulières.

En résumant la synthèse historique, que nous venons de faire, des principaux événements politiques qui se sont accomplis depuis la grande Révolution jusqu'à ce jour :

Nous voyons que le 10 août 1792, le mouvement national auquel la convocation des États Généraux avait donné naissance, se trouve enrayé.

A dater de ce jour néfaste, s'ouvre une vaste parenthèse pour notre histoire. Dans cette parenthèse, nous trouvons : Les massacres de septembre, la Terreur de 1793, la réaction thermidorienne, le Directoire et l'avénement de Bonaparte qui mit fin à la première phase républicaine,

Arrive, maintenant, la première période impériale faisant toujours partie de la grande parenthèse. Napoléon rétablit le principe d'autorité dans toute sa vigueur, seulement le régime militaire absorbe tout.

L'Empereur récolte pour la France, une abondante moisson de lauriers. Quant au résultat final, c'est l'invasion étrangère, le pays épuisé d'hommes et d'argent, c'est-à-dire, dans un état au moins aussi précaire, que lorsqu'il s'était emparé du pouvoir.

En 1815, la nation eût le bonheur de voir monter sur le trône Louis XVIII. Ce souverain sut mettre à profit la grande influence qu'il exerçait sur le tzar Alexandre, pour sauver la France des griffes des vautours alliés. Tous les hommes qui ont le cœur, vraiment français, doivent avoir pour la mémoire de Louis XVIII un respect sans bornes.

Charles X commit la même faute que son aïeul

Louis XVI, de ne pas acquiescer franchement au grand mouvement libéral pour en avoir la direction. Charles X voulut s'opposer au torrent et le torrent l'emporta en 1830.

Le roi Louis Philippe, comprit que l'ère nouvelle qui s'ouvrait pour la France, ne devait être que la continuation du réveil national, auquel le 10 août 1792 avait imposé un temps d'arrêt.

Le nouveau souverain appela à lui l'élite de la bourgeoisie ; cette dernière se trouvant la partie la plus éclairée de la population, devait nécessairement, en vertu des droits qu'elle avait conquis, devenir la classe dirigeante.

C'est en 1830, que les principes de 1789 reçoivent, pour la première fois, une application réelle et sérieuse. Le grand essor est donné, la liberté est la base de toutes nos institutions. Le souverain a franchement accepté le partage du Pouvoir avec le pays, représenté par les Chambres.

Les questions économiques sont à l'ordre du jour, le grand réseau ferré qui doit couvrir la France est accepté et il n'y a plus qu'à en assurer l'exécution. Des écoles s'ouvrent de tous côtés, pour donner au peuple l'instruction nécessaire à son émancipation, et pour permettre à la Bourgeoisie, de trouver, un jour, de puissantes recrues dans ses rangs.

Le commerce, l'industrie, les sciences, les lettres et les arts brillent avec éclat. La fortune publique est dans un grand état de prospérité.

La période écoulée de 1830 à 1848, est la seule où on ne fut pas obligé de rebrousser chemin après avoir marché en avant. On avançait lentement, c'est vrai,

mais on allait sûrement, et sans la Révolution malheureuse de 1848, il est plus que probable que notre progrès libéral serait beaucoup plus accentué qu'il ne l'est
aujourd'hui. Nous aurions accompli les diverses étapes
que nous avions à parcourir sans les secousses terribles
que nous avons subies, et qui n'ont servi qu'à nous
éloigner du but que nous avons à atteindre

Le lendemain du 24 Février, s'ouvre pour notre histoire une nouvelle parenthèse, dans laquelle sont en-
registrées : la Journée du 15 mai, celles de Juin 1848
et celle du 13 Juin 1849. Vient ensuite le Coup-d'État
du 2 décembre 1851, qui clôt la deuxième phase républicaine.

La période du second Empire, a incontestablement
donné à la France, pendant un certain nombre d'années,
un immense éclat. Mais, malheureusement, sa fin nous a
plongés dans un abîme si profond, que nous devons faire
tous nos efforts pour oublier cette page de notre histoire !

Nous arrivons à la troisième phase républicaine. Nous
ne savons hélas ! que trop, ce qu'elle nous coûte, d'argent, de larmes et de sang !...

Au milieu de nos désastres et des conditions barbares
qui nous sont dictées par le vainqueur, Paris apparaît
ceint d'une belle auréole. Les puissances Européennes
sont prises d'une grande sympathie pour notre malheureuse capitale que l'ennemi n'a réduite que par la
famine. Son prestige commence à décroître avec le résultat des élections de la Seine du 8 février. Le 18 mars,
et le règne de la sanglante Commune, en font un objet
de réprobation pour le monde entier.

La République étant l'œuf dont l'éclosion a produit

la hideuse orgie communeuse, nous ne pouvons pas comprendre que tout Français aimant son pays et jouissant de toutes ses facultés mentales puisse entendre, encore, prononcer sans frémir ce mot de République.

Depuis le 20 septembre 1792, jour où la Convention prononça l'abolition de la Royauté et proclama la République, plusieurs gouvernements se sont succédés en France ; nous allons examiner dans quelle situation chacun d'eux a laissé le pays à la cessation de son mandat.

A l'expiration de la première phase républicaine, la France est désorganisée, ruinée, et dans un état complet d'abattement. La venue de Napoléon est acclamée comme une voie de salut.

A la chute du Premier Empire, le pays est épuisé d'hommes et d'argent et sa situation est au moins aussi précaire que lorsque Bonaparte s'empara du pouvoir. De plus les armées coalisées foulent notre territoire. La nation exténuée par vingt ans de guerre réclame à tout prix, les bienfaits de la paix.

L'avénement de Louis XVIII est accueilli avec un grand enthousiasme, sous la restauration la France se réorganise administrativement et financièrement, elle cicatrise ses plaies profondes et reprend son rang dans le concert européen, Charles X en quittant le trône laisse la nation régenérée et ne demandant qu'à être bien dirigée pour reprendre le premier rang parmi les grands peuples.

Sous le règne de Louis-Philippe la prospérité intérieure de la France prend un développement considérable sous tous les rapports.

Aussi, après la révolution de février ceux qui se sont emparés du pouvoir trouvent-ils le pays dans une situation on ne peut plus florissante.

Au coup d'Etat du 2 décembre 1851, la France est terrifiée par les commotions violentes qu'elle a eues à subir, et entrevoyant avec effroi l'avenir, elle se jette affolée dans les bras de Louis-Napoléon Bonaparte qui met fin à la troisième phase républicaine.

Le 4 septembre, date de la chute de Napoléon III et de l'inauguration de la deuxième phase républicaine nous ployions déjà sous le poids d'une dette écrasante, nous n'avions plus d'armées et notre territoire se trouvait envahi par les hordes prussiennes.

Le gouvernement de la défense Nationale continue à nous plonger de plus en plus dans l'abîme, il accroit notre dette d'environ trois milliards et termine son mandat par la convention du **28** janvier nous obligeant à céder à la Prusse deux de nos plus belles provinces et à lui payer une indemnité de guerre de cinq milliards. De plus, comme encouragement a persévérer dans la voie républicaine, nous avons eu la douleur de subir pendant 70 jours les sanglantes saturnales de la commune.

Ce court exposé démontre, d'une manière péremptoire, que, depuis 1792 jusqu'à ce jour, les deux seuls gouvernements sous lesquels la France au lieu de péricliter ait prospéré, sont ceux de là branche ainée et de la branche cadette des Bourbons.

Le comte de Chambord est le seul et unique représentant de la branche ainée avec lui s'éteindra cette illustre famille pour laquelle nous devons tous avoir le plus grand respect. Car elle avait fait de la France une grande et puissante nation,

Ce prince est malheureusement en proie aux mêmes errements que Louis XVI et Charles X. Il s'obstine comme eux à avoir les yeux fermés à la lumière, n'est-ce pas être aveugle, en effet, que de ne pas vouloir compter avec le mouvement national qui s'est opéré depuis 1789.

Nous sommes obligés de nous incliner respectueusement devant la loyauté irréprochable du comte de Chambord, ses manifestes sont empreints d'une honnêteté sans égale. Mais cela ne suffit pas. Il faut être de son temps, et surtout ne pas froisser les aspirations de la grande majorité de la nation sur laquelle on voudrait être appelé à régner.

La branche cadette est très nombreuse, le comte de Paris fils ainé du feu duc d'Orléans en est le chef.

Que peut-on dire de cette grande et noble famille? Louis-Philippe n'a-t-il pas laissé en 1848, la France dans un grand état de prospérité? Le duc d'Orléans dont la mort prématurée fut un deuil vraiment national, n'a-t-il pas, dans son testament, donné une preuve irrécusable de son amour sans bornes pour sa patrie? Le fils d'un tel homme doit avoir indubitablement hérité des vertus paternelles !

Maintenant, qu'elle a été la conduite des princes depuis la révolution de février, époque à laquelle ils ont dû quitter le sol français qui les avait vu naitre ? Se sont-ils mêlés au moindre mouvement politique capable de compromettre la sécurité du pays? nous savons tous le contraire.

Sous l'Empire se sentant pris de la nostalgie française, ils réclament l'abolition des lois d'exception qui les frappent injustement. N'ayant jamais forfait à l'honneur, ils demandent à être assimilés au dernier des citoyens français. Quelle voie emploient-ils pour formuler leur juste revendication? Ils adressent purement et simplement une pétition au Corps législatif. On ne croit pas devoir faire droit à leur réclamation; ils se soumettent, sans mot dire à la décision de ceux qu'ils ont choisis pour juges.

La guerre éclate; aussitot ils mettent de côté tous les ressentiments excusables qu'ils peuvent avoir contre leur persécuteur qui cependant fut traité par leur père avec une mansuétude sans égale. Ils oublient tout pour n'avoir qu'une seule pensée, qu'un seul amour au cœur. La France. Ils demandent à l'Empereur, comme une faveur exceptionnelle, de pouvoir offrir leur sang à la patrie commune. Nouveau refus. Le 4 septembre a lieu, Tous ces nobles cœurs, pensant que le nouveau gouvernement va faire du salut du pays sa seule et unique préocupation, accourent se ranger sous l'étendard de la France. Les Membres du Gouvernement de la défense nationale, qui veulent d'abord sauver *leur République*, et la France après si la chose est possible, regardent la venue des princes, au milieu d'eux, comme un danger et ils s'empressent de les éconduire. Craignant d'être un ferment de discorde, au moment où la nation a besoin de se serrer en un faisceau puissant, ils retournent, l'âme navrée, sur la terre d'exil. M. le duc d'Aumale a eu la douleur dans une circonstance aussi solennelle de ne pas pouvoir mettre au service de sa patrie l'épée qu'il avait noblement portée jadis. A un moment donné, n'y tenant plus, le Prince de Joinville revient en France et parvient en cachant son identité à se faire admettre, comme simple soldat, dans un bataillon de volontaires. Il fait le coup de feu toute une journée. Sa joie est à son comble, il expose ses jours pour sa France bien aimée ! Son bonheur ne devait pas être de longue durée! Il fut reconnu, et Gambetta fut instruit de sa présence dans l'armée. Ce dernier s'empressa d'ordonner son arrestation et son expulsion du territoire, nous laissons aux gens de bien ayant le cœur vraiment français le soin de juger la conduite du dictateur de Bordeaux, dans cette circonstance. Tout le monde connaît la noble attitude du duc de Chartres qui a été assez heureux sous le nom de Robert Lefort pour passer inaperçu dans l'armée du général Chanzy.

Il est urgent que, dans le plus bref délai possible, nous ayons, à notre tête, un gouvernement capable de nous assurer à l'intérieur, l'ordre et la reprise du travail, base de notre richesse et de notre résurrection, et qui, à l'extérieur, donne des garanties suffisantes de stabilité pour permettre aux puissances européennes de se rapprocher de nous et d'accepter ou de rechercher notre alliauce. Il faut, pour que nous puissions reprendre notre rang dans le grand concert des nations, que nous cessions d'être un épouvantail constant par nos discussions intestines et que nous ne continuons pas à être isolés comme des parias.

La forme républicaine nous permettrait-elle d'atteindre le but dont nous ne devons par nous écarter un seul instant ? nous ne le croyons pas : Toutes les puissances européennes, à l'exception de la Suisse, sont régies par des gouvernements monarchiques. Les souverains de ces états, tiennent non seulement à leur couronne, mais encore font tous leurs efforts pour en assurer la transmission à leurs descendants, il est donc indubitable, qu'ils regarderont, toujours. comme un danger, l'existence, au milieu d'elles, d'un grand état gouverné par un régime qui les menace constamment d'envahir leur royaume, et qui à un moment donné peut briser le sceptre qu'ils tiennent dans la main. En un mot avec la République il n'y a pas à compter sur de sérieuses alliances.

Si nous ne venions pas de subir les désastres dont nos yeux devraient être épouvantés, si nous étions libres de tous nos mouvements, pourrions nous, peut-être, nous permettre de renouveler les essais qui en d'autres temps plus prospères, ont déjà été infructueux. Mais, nous avons l'ennemi sur notre territoire, épiant nos moindres mouvements, nous avons une dette énorme à acquitter, nous avons deux provinces qui nous ont été arrachées violemment et dont les habitants ont constamment les yeux tournés vers nous. Nous est-il permis dans une situation pareille de nous obstiner à vouloir rester dans un complet isolement ! évidemment non : nous devons mettre l'affranchissement de la France au-dessus de nos plus chères aspirations, pénétrons-nous bien de la vérité dépouillée de tout artifice, et ne nous laissons pas éblouir par des mirages trompeurs.

Sachons prouver au monde qui nous observe que nous sommes toujours un grand peuple et que grâce à notre puissante vitalité nous saurons sortir régénérés du creuset du malheur.

Paris. — Imprimerie Gaillet, 1 rue du Jardinet.